AF562192

DES

# DETTES DU ROI.

DES

# DETTES DU ROI,

PAR M. X***. P***.

Dedit hoc providentia hominibus munus, ut honesta magis invarent.

QUINTIL., *Inst. orat.*, lib. I, cap XII.

A PARIS,

CHEZ TOUS LES MARCHANDS DE NOUVEAUTÉS.

1830.

DES

# DETTES DU ROI,

PAR M. X***. P***.

Dedit hoc providentia hominibus munus, ut honesta magis iuvarent.

QUINTIL., *Inst. orat.*, lib. I, cap XII.

A PARIS,

CHEZ TOUS LES MARCHANDS DE NOUVEAUTÉS.

1830.

IMPRIMERIE DE DAVID,
boulevard Poissonnière, n. 6.

DES

# DETTES DU ROI.

---

Depuis long-temps nos oreilles sont frappées de ces mots : *Dettes du Roi*, prononcés avec l'accent de la plainte et du reproche. Des Français et des étrangers réclament depuis plusieurs années le paiement de sommes qu'ils disent leur être dues par nos princes, et ils s'étonnent, avec raison, qu'après quinze années de restauration et de paix, on n'ait encore pu trouver les moyens d'acquitter les *dettes du malheur et de l'hospitalité*.

Il y a en effet quelque chose d'étrange et de pénible à voir de malheureux créanciers, après bientôt quarante ans d'attente, épuiser leurs dernières ressources, pour venir implorer inutilement la pitié de leur débiteur. Ce débiteur est le roi de France, et c'est sous un gouvernement constitutionnel qu'il est si difficile d'obtenir justice... Loin de nous la pensée d'attribuer au Monarque la faute de ses agens; quand sa personne ne serait pas inviolable, sa loyauté bien connue éloignerait tous les soupçons à cet égard, mais la dignité du trône et l'honneur de la nation sont gravement compromis par des plaintes dont l'amertume est au moins excusable.

On a vu des titres revêtus des signatures du feu Roi Louis XVIII et de Sa Majesté le Roi régnant, colportés dans tous les cabinets d'affaires de Paris, sans qu'il se soit rencontré un capitaliste assez hardi pour avancer seulement dix pour cent d'une créance souscrite par deux Rois de France, tandis que la signature du moindre citoyen trouve partout des acheteurs ou des escompteurs........ Des créanciers du Roi ont été réduits à implorer les secours de la charité publique, d'autres ont expié dans les murs de Sainte-Pélagie l'inexcusable tort d'avoir compté sur la satisfaction qu'ils avaient droit d'attendre des ministres de leurs augustes débiteurs.

Une injuste défaveur a accompagné les réclamations de cette nature présentées aux chambres législatives, et cette défaveur, artificieusement entretenue, a trouvé accès jusque chez les hommes les plus consciencieux et les plus éclairés. Il n'est pas jusqu'à la gravité des circonstances actuelles dont on n'ait tiré parti pour pour porter le découragement dans l'esprit des malheureux créanciers du roi, en leur faisant entendre que des pairs et des députés d'une certaine opinion politique seraient, moins que d'autres, disposés à accueillir leurs demandes : comme si la justice et la loyauté ne pouvaient pas se trouver sous l'une comme sous l'autre bannière.

Découragés par leurs inutiles efforts et par ces insinuations malveillantes, les créanciers du Roi sont plongés dans les angoisses d'une anxiété dont ils n'entrevoient pas le terme; quelques-uns se disposent à retourner dans leur patrie et à reporter à leurs familles ces titres, témoignages de leur confiance et de leur dévouement dans des temps périlleux, et encore, selon eux, de l'ingratitude d'un gouvernement qu'on leur disait juste et généreux.

Il importe à l'honneur de la France et à la dignité de la couronne de faire cesser ce scandale; car la fidélité aux engagemens n'est pas moins un devoir pour les gouvernemens que pour les particuliers, et, quand il s'agit de l'honneur de la nation, tous les Français sont solidaires. Il importe aussi de débarrasser la vieillesse de notre vénérable Monarque des soucis et des sujets de douleur que lui cause l'oubli des engagemens sacrés qui pèsent sur sa conscience, et dont il est de notre devoir de l'affranchir.

Tous les ministères qui se sont succédé depuis 1816 avaient, tour-à-tour, pris l'engagement de fermer enfin cette honteuse plaie; aucun d'eux ne s'en est sérieusement occupé, et ce scandale, toujours subsistant, afflige les véritables amis du pays,

On ne saurait pourtant se dissimuler qu'au milieu des graves discussions qui absorbent aujourd'hui notre attention, il est bien difficile de la détourner de l'important sujet de nos méditations; mais il faut espérer qu'on verra se terminer bientôt et heureusement une lutte imprudemment engagée. C'est sur l'autel de la patrie, et en remerciant le ciel des glorieux succès de notre jeune armée, que nous devons faire le sacrifice de nos haines et de nos passions, pour ne conserver que la sagesse et la modération si nécessaires dans les temps de crise politique. Cette conquête sur nous-mêmes sera plus difficile que ne l'a été celle d'Alger, mais si nous n'avons jamais désespéré du courage et de la constance de nos soldats, nous pouvons aussi tout attendre du patriotisme des chambres et de leur attachement sincère mais éclairé aux véritables intérêts du Roi et de l'État. Alors rien ne s'opposera plus sans doute à ce que les réclamations des créanciers du Roi soient écoutées avec impartialité, et qu'on s'empressant d'y faire droit, on ne donne un éclatant démenti à ceux qui veulent élever des doutes sur la loyauté française.

Un examen succinct des questions que peuvent présenter ces réclamations doit offrir quelque utilité; il aura au moins l'avantage d'éveiller l'attention publique quelque temps à l'avance, et de rendre plus calmes et plus réfléchies les discussions auxquelles peuvent donner lieu les pétitions que plusieurs de ces créanciers ne manqueront pas de renouveler encore à la session prochaine. Il est d'ailleurs de ces questions délicates qui, proposées trop brusquement, soulèvent les passions et excitent les orages, tandis qu'examinées de sang-froid, et loin de la tribune, elles se dépouillent insensiblement de l'acrimonie que l'erreur ou la précipitation peuvent y mêler imprudemment. On peut ainsi, et sans le moindre danger, aborder franchement toutes les difficultés, signaler toutes les fautes et proposer le remède.

Tous les jurisconsultes savent qu'il est de principe dans notre droit public, que les dettes du prince qui parvient au trône deviennent dettes de l'Etat. C'est par une conséquence nécessaire de ce principe que la loi du 8 novembre 1814, article 20, dit : « Les

« biens particuliers du prince qui parvient au « trône, sont de plein droit et à l'instant « même réunis au domaine de l'Etat, et « l'effet de cette réunion est perpétuel et irré- « vocable. »

Il est juste en effet que l'Etat, qui profite des biens, acquitte les charges qui les grèvent; autrement, il dépouillerait les créanciers dont ces biens étaient le seul gage. Ce principe n'est pas nouveau, l'auteur du *Traité du droit des gens*, liv. 2, chap. 14, §. 216, dit : « Le conducteur de la nation peut avoir « ses affaires privées, ses dettes particulières. « Ses biens propres sont seuls obligés pour « cette espèce de dette. »

Si, d'après cet auteur, les biens propres du souverain régnant sont seuls obligés au paiement de ses dettes, cette charge doit nécessairement suivre les biens de l'héritier présomptif de la couronne, lorsque, comme chez nous, au moment de son avènement au trône, la loi le dépouille de ces biens en faveur de l'État.

La Cour de cassation a suivi cette sage doctrine, lorsque, par arrêt du 30 janvier 1821, elle a décidé, que « *la dévolution en-« tière et forcée de tous les droits actifs en « faveur de l'état du prince qui parvient au « trône, avait pour effet nécessaire et légal*

« *d'affranchir la personne du Roi de toutes*
« *les actions qu'on pouvait avoir contre lui*
« *avant son avènement au trône, et de rendre*
« *ses créanciers créanciers de l'État.* »

A cette occasion, on a dit qu'une semblable doctrine, bonne sous l'empire de notre ancienne législation, était inadmissible sous le régime constitutionnel. Elle créerait, disait-on, en faveur de l'héritier présomptif de la couronne, un droit exorbitant, droit que n'a pas le Roi lui-même (qui est l'un des grands pouvoirs), celui de grever l'Etat de dettes plus ou moins considérables, sans aucune espèce de contrôle ni d'autorisation, par le seul fait de sa volonté et celui de son avènement au trône.

Cette objection paraît plus spécieuse que fondée.

L'effet nécessaire et légal de la dévolution rend, il est vrai, l'Etat débiteur des dettes du prince; mais ce n'est et ne peut être que comme un héritier bénéficiaire, et jusqu'à concurrence de la valeur des biens réunis au domaine de l'Etat. Si les dettes du prince excédaient la valeur de ses biens particuliers, l'Etat aurait, ce nous semble, le droit de répudier la réunion, à moins que, par de justes considérations de convenance et de respect, les trois pouvoirs n'accordassent les moyens de libérer entièrement la personne du roi de tous les engagemens pris par lui comme héritier présomptif de la couronne. Si cela n'arrivait pas, les créanciers non payés exerceraient leurs droits sur les biens que le prince pourrait acquérir pendant son règne, et sur sa succession.

D'ailleurs, *dans des temps ordinaires*, ces dettes pourront être plus ou moins considérables, selon que le prince aimera ou dédaignera le faste et la dépense, selon que ses goûts ou ses plaisirs seront plus ou moins dispendieux; mais il n'arrivera sans doute jamais, quelque prodigalité qu'on se plaise à lui supposer, que ses dettes absorbent entièrement la valeur de ses biens particuliers. Sa position, comme héritier présomptif de la couronne, lui imposerait à cet égard une prudente réserve, et, en tous cas, l'Etat ne paierait que jusqu'à concurrence de ce dont il profiterait.

L'objection se trouve ainsi écartée; car on doit maintenant reconnaître que jamais l'héritier présomptif de la couronne ne peut, par le seul fait de sa volonté et de son avènement au trône, grever l'État d'aucune dette excédant la valeur de ses biens particuliers.

Peu de personnes sont sans doute à même de savoir avec quelles formalités a eu lieu la réunion prononcée par l'article 20 de la loi du 8 novembre 1814, mais ces formalités doivent avoir été telles, au moins, que l'indiquent le bon sens et ce qui se passe en matière à-peu-près semblable dans les successions. Il a dû être fait un inventaire des biens ainsi réunis *irrévocablement* au domaine de l'État, et qui alors ne peuvent plus être aliénés qu'en vertu d'une loi, afin de ne pas les confondre avec ceux que, pendant son règne, le Roi peut acquérir à titre privé, et dont il peut librement disposer, conformément à l'article 18 de la même loi du 8 novembre 1814. Il a dû aussi être fait inventaire des dettes du Roi, afin que l'État pût connaître avec exactitude quelles charges la réunion lui imposait, et opter, comme il en avait le droit, entre l'acceptation et la renonciation.

On suppose que cela a dû se passer ainsi, et on pourrait presque assurer que cela s'est ainsi fait, en voyant à la direction des affaires du Roi et de l'État des hommes certainement assez capables pour n'avoir pas négligé des devoirs aussi faciles et aussi essentiels.

Mais si, contre toute attente. on avait omis de remplir des formalités, ce serait peut-être à cette imprévoyance qu'il faudrait attribuer l'embarras du ministère et ses mesures insolites, toutes les fois que, depuis quelques années, il a été question des dettes du Roi, et cette omission pourrait lui attirer de justes reproches.

On n'a parlé jusqu'ici que *des dettes ordinaires* du prince, de celles qu'il a pu contracter pour ses besoins personnels et ceux de sa famille ; mais les événemens qui se sont passés pendant vingt-cinq ans de revolution, ont dérangé le cours ordinaire des choses, et créé des nécessités qui ne peuvent être bien appréciées qu'en se reportant à des temps heureusement déjà loin de nous. La restauration a jeté sur les causes de ces événemens le voile officieux de l'union et de l'oubli ; n'essayons pas de le soulever inutilement, occupons-nous seulement de quelques faits généraux que l'histoire nous a transmis.

Les Princes français ont tenté la voie des armes pour reconquérir des droits qui leur étaient déniés. Cette lutte a duré plusieurs années, et n'a cessé, à main armée, que lorsque l'évidence a démontré l'impossibilité du succès. Aux combats ont succédé les négociations, tantôt actives, tantôt interrompues avec les différentes puissances, et le tout s'est terminé par la pacification générale, suite du retour des Bourbons en France.

On sait que plusieurs corps d'armée ont été, à différentes époques et en divers lieux, organisés par les soins des Princes et de leurs agens, pour le soutien de leurs prétentions, et il n'est pas douteux que les dépenses nécessitées par ces armemens et ces négociations, n'aient occasionné des emprunts et des engagemens dont le paiement est indispensable. Mais à la charge de qui ce paiement doit-il être?

Sans qu'il soit besoin de nous lancer dans de périlleuses digressions sur la nature et les pouvoirs des gouvernemens de fait et de droit, sans doute on nous accordera volontiers que, de la part des Princes et selon leurs intentions, ces dépenses ont été faites dans le but de l'*intérêt de l'État*.

La grande transaction qui a mis fin à nos discordes civiles, a rassuré toutes les existences, maintenu ou créé toutes les bonnes institutions, garanti tous les droits, notamment la dette publique et toute espèce d'engagement pris par l'Etat envers ses créanciers (1).

(1) Art. 70 de la Charte : « La dette publique est garantie. Toute « espèce d'engagement pris par l'État avec ses créanciers est in- « violable. »

C'est par suite ce de pacte, immortel comme son auteur, que nous voyons aujourd'hui les notabilités de l'ancienne monarchie, celles de la république et de l'empire, concourir par leur commune illustration à l'éclat du trône et au soutien de la monarchie constitutionnelle.

L'armée voit réunis dans ses rangs, les généraux de l'armée de Condé avec ceux de l'empire et de la Vendée. La magistrature et l'administration comptent également parmi leurs membres les hommes supérieurs de toutes les époques. Les dettes de la république et de l'empire sont acquittées avec exactitude et loyauté... Celles de la restauration seraient-elles seules oubliées dans cette juste confusion des intérêts et des droits de tous les temps???

Une préoccupation fâcheuse et injuste, dont des hommes graves et d'un mérite supérieur n'ont pas toujours su se garantir, les a, nous le savons, empêchés de reconnaître que les dettes ainsi contractées par les Princes fussent véritablement dettes de l'État. Cette opinion a entretenu chez beaucoup d'autres personnes cette secrète répugnance à payer les armes avec lesquelles on nous avait combattus.

Des répugnances ne sont pas des raisons,

mais elles excitent à créer des sophismes à l'aide desquels, en satisfaisant d'involontaires antipathies, on parvient à fausser l'opinion et le jugement des gens simples.

Pour appuyer d'une autorité respectable l'opinion que les dettes extraordinaires contractées par les Princes, sont inévitablement dettes de l'État, reproduisons ici en entier le passage de l'auteur du *Droit des gens*, dont nous avons déjà cité un extrait :

« Le conducteur de la nation peut avoir ses « affaires privées, ses dettes particulières. Ses « biens propres sont seuls obligés pour ces « sortes de dettes. Mais les emprunts faits pour « le service de l'État, les dettes créées dans l'ad- « ministration des affaires publiques, sont des « contrats de droit étroit, obligatoires pour « l'État et la nation entière. Rien ne peut la « dispenser de payer ces dettes là. Dès quelles « ont été contractées par une puissance légi- « time, le droit du créancier est inébranlable « Que l'argent ait tourné au profit de l'État, « ou qu'il ait été dissipé en de folles dépenses, « ce n'est pas l'affaire de celui qui a prêté. Il a « confié son bien à la nation, elle doit le lui « rendre. Tant pis pour elle si elle a remis le « soin de ses affaires en de mauvaises mains. »

Continuons la citation afin qu'on ne nous

reproche pas de l'affaiblir par un extrait :

« Cependant cette maxime a ses bornes « prises de la nature même de la chose. Le « souverain n'a en général le pouvoir d'obliger « le corps de l'État par les dettes qu'il con- « tracte, que pour le bien de la nation, pour « se mettre en état de pourvoir aux occur- « rences, et s'il est absolu, c'est bien à lui de « juger, dans tous les cas susceptibles de « doute, de ce qui convient au bien et au sa- « lut de l'État. Mais s'il contractait sans néces- « sité, des dettes immenses, capables de ruiner « à jamais la nation, il n'y aurait plus de doute, « le souverain agirait manifestement sans droit, « et ceux qui lui auraient prêté auraient mal « confié. Personne ne peut présumer qu'une « nation ait voulu se soumettre à se laisser « ruiner absolument par les caprices et les folles « dissipations de son conducteur.

« Comme les dettes d'une nation ne se peu- « vent payer que par des contributions, par « des impôts, le conducteur, le souverain à « qui elle n'a point confié le droit de lui im- « poser des taxes, des contributions, de faire « en un mot, de son autorité, des levées de « deniers, n'a point non plus le droit de l'o- « bliger par ses emprunts, de créer des dettes « à l'État. Ainsi le roi d'Angleterre, qui a le

« droit de faire la guerre et la paix, n'a point « celui de contracter des dettes nationales, « sans le concours du parlement, parce qu'il « ne peut, sans le même concours, lever aucun « argent sur son peuple (1). »

Ainsi, d'après ce célèbre publiciste, dans le premier cas, la seule condition pour que l'emprunt oblige l'Etat, c'est la *légitimité de la puissance qui l'a contracté*. Dans le second cas, la nation n'aurait le droit de refuser le paiement qu'autant qu'il y aurait pour elle la certitude *d'être ruinée à jamais*, si elle le faisait. Le troisième cas s'applique au souverain qui ne peut engager la nation *sans le concours de ses représentans*, comme ce serait sous notre gouvernement actuel.

Nous n'imaginons pas qu'on prétende que la seule condition imposée par l'auteur dans le premier cas, la légitimité enfin, ait manqué aux princes qui ont contracté les dettes dont il s'agit. Nous croyons inutile de rappeler que le feu Roi était régent du royaume et que S. A. R. MONSIEUR, aujourd'hui S. M. le Roi régnant, en avait été nommé le lieutenant-général, et que c'est en cette qualité qu'il est rentré en France. Il est de ces choses à l'égard

(1) Vattel, *Droit des gens*, liv. II, chap. XIV, §. 216.

desquelles toute discussion serait non-seulement oiseuse, mais même inconvenante.

Il n'y a pas non plus la moindre apparence que la nation puisse être à jamais ruinée par le paiement des dettes restant à acquitter.

Enfin, dans notre gouvernement, tel qu'il existait à l'époque de la révolution, le Roi obligeait la nation par le seul fait de sa volonté. Il contractait seul ou par ses ministres les obligations qui lui semblaient utiles au bien de l'Etat; il les acquittait avec le produit, soit de ce qu'on appelait le domaine, soit des impôts existans sous diverses dénominations, ainsi qu'avec la ressource de la création des offices et autres voies ordinaires ou extraordinaires. L'enregistrement des édits, rarement refusé, et dans ce cas imposé par les lits de justice, était le seul contrôle apparent de l'établissement des impôts, et l'on ne saurait trouver dans ces formalités, qui, depuis longtemps, avaient perdu leur ancienne importance, le concours dont la nécessité importe à la légalité des engagemens d'un roi, comme était alors le roi d'Angleterre.

L'on doit conclure que les engagemens des deux Princes français, depuis Rois, ont, lorsqu'ils les ont contractés, valablement obligé la nation, pour le bien de laquelle ils ont entendu stipuler.

Il est donc incontestable que les dettes de quelque nature qu'elles soient, contractées par les Princes, avant la restauration, sont devenues dettes de l'État.

Si ce sont des dettes ordinaires créées pour les besoins personnels des princes et de leurs familles, l'Etat en est devenu débiteur par suite de la réunion de leurs biens propres au domaine de l'Etat; *cette dévolution ayant pour effet nécessaire et légal d'affranchir la personne du Roi de toutes les actions qu'on pouvait avoir contre lui avant son avènement au trône, et de rendre ses créanciers créanciers de l'État.*

Si ce sont des dettes extraordinaires, elles tombent encore à la charge de l'Etat, comme ayant été créées par une puissance *légitime* et *capable*, dans la vue de l'intérêt de l'État.

Enfin, telles qu'elles soient, et par une conséquence nécessaire des principes ci-dessus, elles doivent être considérées comme *garanties* par l'article 70 de la Charte, parce que, dès leur création, elles ont fait partie *de la dette publique*, ayant été contractées par une puissance *légitime* ayant *capacité* pour obliger l'Etat.

Comment et avec des notions si claires et si précises, suivant nous, des devoirs et des droits de l'Etat, relativement au paiement des dettes du Roi, a-t-on si long-temps différé, et hésite-t-on encore à satisfaire ses créanciers? C'est ce que l'on ne peut expliquer qu'en examinant ce qui s'est fait à ce sujet depuis la rêstauration.

Le 29 novembre 1814, M. le duc de Blacas annonçait à la Chambre des Députés que « les « dettes du Roi et des princes de sa famille, en « y joignant quelques-unes de celles qui, plus « particulièrement personnelles à son auguste « frère, le Roi Louis XVI, lui sont également sa- « crées, s'élèvent à environ trente millions. »

Ces trente millions furent accordés au Roi, par une loi du 21 décembre 1814, et la répartition en fut faite par le ministre de sa maison après qu'une commission, nommée *ad hoc*, eût examiné les réclamations de ceux qui se présentèrent.

Quelque temps après, et lorsque ces trente millions étaient épuisés, d'autres créanciers réclamèrent, et ne purent être payés faute de fonds. Il fut annoncé à plusieurs d'entre eux, vers 1818, qu'on était dans l'intention de demander prochainement une nouvelle allocation, et qu'ils seraient payés aussitôt que les Chambres auraient voté de nouveaux fonds pour cet objet.

Il faut croire, ou que M. le duc de Blacas

s'était trompé dans l'appréciation du montant des dettes du Roi et des princes, ou que les fonds votés n'avaient pas tous reçu la destination prescrite. La première supposition paraît la plus vraisemblable, malgré que, dans ce cas, l'erreur soit à peine croyable.

Confians dans les promesses qui leur étaient faites, les créanciers attendirent avec une respectueuse patience que les circonstances permissent à leurs augustes débiteurs d'acquitter des dettes aussi sacrées. Ce n'était pas de ceux qui se glorifiaient d'avoir servi nos princes dans l'exil qu'on pouvait craindre des clameurs indiscrètes; ils avaient confié leur fortune à la foi des Bourbons malheureux, les Bourbons sur le trône ne pouvaient avoir oublié ni les personnes, ni les services. Cependant, à chaque session, des intérêts d'une plus grande importance absorbaient l'attention des ministres, et les pauvres créanciers du Roi étaient oubliés.

Quelques-uns d'entre eux présentèrent, pendant plusieurs années, des pétitions aux deux Chambres, où elles furent repoussées par l'ordre du jour, et probablement une défaveur de plus en plus marquée, aurait fini par détruire toutes leurs espérances, sans l'énergique persévérance de M. le comte de Pfaffenhoffen, l'un d'eux, dont la plume éloquente et courageuse parvint à vaincre l'indifférence et à faire connaître la vérité astucieusement outragée par de faux exposés.

Lors d'un rapport fait à la Chambre des Députés, le 13 janvier 1827, à l'occasion d'une de ces pétitions, l'honorable M. de Bouville apprit à la Chambre qu'un des motifs qui s'opposaient à ce qu'il fût rendu justice aux réclamans, était la lutte engagée entre le ministre des finances et l'intendant-général de la maison du Roi, sur la question de savoir par qui de ces deux comptables devaient être acquittées les sommes réclamées, chacun d'eux renvoyant à l'autre l'obligation de faire face à ces engagemens : il provoqua, à cet égard, des explications du ministre des finances.

M. de Villèle révéla alors combien avait été grande l'erreur de M. de Blacas dans l'appréciation du montant des dettes du Roi et des princes; car il annonça qu'indépendamment des trente millions accordés par les Chambres, neuf millions avaient été fournis en sus et pour le même objet, par la maison du Roi. Quant aux nouvelles réclamations, M. de Villèle ajouta que lorsqu'il s'était agi aux conseils du Roi de savoir s'il fallait ou non demander aux

Chambres un nouveau crédit pour cet objet, cette question avait été résolue négativement, parce que les réclamans ne présentaient aucuns titres à l'appui de leurs demandes.

Le ministre n'était pas, ce jour-là, heureux dans le choix de ses allégations, car. outre qu'il était à sa connaissance *personnelle* que plusieurs des réclamans étaient porteurs de titres, un honorable membre de la Chambre (M. de Berthier), dont la véracité n'est pas suspecte, lui repondit que, dès cette époque, « il « existait à la liste civile un état de onze mil- « lions de dettes qui, d'après les examens les « plus positifs, pouvaient être légitimement « dues; que ces états avaient été remis à trois « avocats consultans (que je connais disait « M. de Berthier), et qui ont fait un rapport « dans lequel on déclare que ces créances « sont légitimes. »

Probablement ces créances déclarées légitimes, étaient fondées en titres, et M. de Villèle devait le savoir.

D'autres erreurs de M. de Villèle furent encore victorieusement repoussées dans plusieurs écrits de M. le comte de Pfaffenhoffen, distribués aux Chambres (1).

(1) En admettant comme exacte l'allégation du paiement de neuf millions par la maison du Roi en sus des trente millions votés,

La session de 1827 s'étant passée sans décision sur les réclamations des créanciers du Roi, ils présentèrent de nouvelles pétitions aux deux Chambres en 1828.

A la Chambre haute, un noble pair, connu par ses lumières et sa loyauté (M. le baron Mounier), avait eu l'occasion d'apprécier la légitimité de quelques-unes des réclamations présentées; il fit partager sa conviction à un grand nombre de ses collègues, et proposa le renvoi des pétitions au ministre des finances, renvoi qui fut ordonné.

A la Chambre des Députés, un rapport impartial et lumineux de l'honorable M. de Sade aurait probablement produit le même effet, si S. Exc. le ministre des finances (M. Roy) n'avait annoncé que le Roi avait ordonné qu'une commission fût nommée à l'effet d'examiner ces sortes de réclamations; ce fut par ce motif que la Chambre passa à l'ordre du jour sur ces pétitions.

En effet, le 2 août 1828, une ordonnance

et en reconnaissant l'existence, dès 1827, de onze millions encore légitimement dus, on arrivera à évaluer à vingt millions l'erreur de M. de Blacas dans l'appréciation des dettes du Roi et des princes, sans parler d'autres réclamations survenues depuis. On se serait plus approché de la vérité en demandant en 1814 soixante millions. On peut croire que les dettes se montaient en effet à environ cette somme.

royale institua une commission « *à l'effet de* « *reconnaître et fixer les dettes du Roi et des* « *princes de la famille royale, contractées* « *avant la restauration* (1).

Cet acte de justice, si long-temps et si ardemment désiré, fut reçu avec la plus vive reconnaissance par ceux qu'il intéressait. Tous s'empressèrent d'arriver de toutes les parties de la France et de l'Europe à la voix du prince qui les appelait à produire, dans le plus bref délai, leurs demandes et leurs titres.

Après trente-huit ans d'événemens extraordinaires, de vicissitudes si diverses, il n'était pas impossible que quelques créanciers n'eussent pas des titres bien en règle, que quelques-uns même n'en eussent plus, que d'autres ne justifiassent pas régulièrement de leurs qualités. Qu'importe! disaient-ils, nous sommes

(1) Cette commission était composée de MM.

Le comte Daru, pair de France, président;

Le comte d'Argout, pair de France;

Le baron Hély d'Oissel, membre de la Chambre des Députés;

Le chevalier Allent,<br>De Fréville,<br>Maillard, } conseillers d'État;

Le baron Zangiacomi, conseiller à la cour de cassation;

Alix,<br>Cordelle, } conseillers référendaires de première classe à la cour des comptes;

Brousse, chef du bureau du contentieux à l'intendance générale de la maison du Roi, secrétaire.

appelés à produire *dans le plus bref délai*; il ne faut pas perdre de temps, mais faire promptement acte de présence. D'ailleurs, s'il faut régulariser les titres, compléter les preuves, nous le ferons dans la forme qu'on nous indiquera. La plupart étaient des étrangers, ignorant notre législation et le dédale de nos formalités administratives. Seulement ils savaient, parce que cela est généralement connu, qu'une commission n'est point un tribunal ayant autorité pour prononcer sans recours sur la fortune des citoyens.

Lorsque leurs demandes eurent été adressées à M. l'intendant-général de la maison du Roi, comme cela était prescrit, les créanciers désirèrent connaître où en était le travail de la commission, afin de réfuter les objections, si l'on en avait à leur opposer, de donner des explications, si on les jugeait nécessaires, enfin d'éclairer la religion des commissaires que le Roi avait choisis pour l'examen de leurs titres. Quel fut leur étonnement quand ils apprirent que la commission avait pris l'étrange résolution de ne communiquer directement ni indirectement avec les créanciers!.... Dès lors, toute discussion, comme tout éclaircissement, devenaient impossibles.

Néanmoins on annonça qu'après neuf mois

d'un travail secret, la commission avait terminé ses opérations, dont le résultat, transmis au Roi, aurait été, disait-on, approuvé par S. M.

Les créanciers crurent pouvoir alors demander à M. l'intendant-général de la maison du Roi communication, chacun en ce qui le concernait, de l'avis ou de la décision de la commission. Il fut répondu à plusieurs, et sans doute à tous, « *qu'il lui était impossible de faire* « *connaître aux intéressés le résultat du tra-* « *vail de la commission.....* »

On a vraiment peine à se rendre compte des motifs qui peuvent avoir déterminé la commission à procéder avec un tel mystère, et des raisons du secret imposé à M. l'intendant-général de la maison du Roi. Les lumières de tous ces honorables personnages sont trop généralement connues pour qu'on ne doive pas imputer à une volonté autre que la leur, cet étrange oubli de toutes les formes et de tous les droits.

Il paraîtrait cependant que, depuis ce temps on aurait enfin reconnu qu'en agissant ainsi, on s'était ridiculement fourvoyé. Une nouvelle commission doit, dit-on, être bientôt nommée, qui, cette fois, ne refuserait pas les explications et les justifications des intéressés et n'éviterait pas une discussion contradictoire dont la justice et la nécessité auraient enfin été appréciées. On ignore si ce bruit est fondé, mais ce retour à des idées plus saines est vivement désiré. Il satisferait les créanciers du Roi et mettrait fin à des plaintes qui offrent le scandaleux spectacle de pauvres créanciers, sollicitant vainement, du Roi très-chrétien et de la nation française, le paiement de dettes légitimes et sacrées, comme si la France et son Roi étaient des débiteurs insolvables!!..... Certes, une discussion contradictoire, franche, loyale et réciproquement bienveillante, fera plus en quelques jours que n'obtiendraient pendant un long-temps des commis imbus de cet esprit de fiscalité tracassière, qui, loin d'être avantageux à l'Etat, révolte, par l'audace et l'injustice de ses exigences, les hommes les plus patiens.

Dans l'attente de cette mesure réparatrice, exposons quelques idées sur le seul mode rationel à suivre pour la liquidation.

Nous avons dit que les dettes ordinaires ou extraordinaires créées par le Roi devaient être acquittées par l'État; mais il ne faut pas oublier qu'elles conservent néanmoins leur origine et leur caractère primitifs de *dettes du Roi*, et que l'État n'en est débiteur qu'à titre en quelque sorte officieux, soit par suite de la dévolution prononcée à son profit, soit parce qu'elles auraient été créées dans la vue de son intérêt.

Attribuer maintenant à l'État seul, ou à ses agens, l'examen et l'appréciation des titres sur lesquels ces créances reposent, leur donner le pouvoir et le droit d'admettre les uns et de refuser les autres, ce serait créer un contrôle qui ne saurait exister sans donner à nos lois actuelles sur cette matière un effet rétroactif qu'elles ne peuvent avoir. Ce serait se mettre en opposition avec la jurisprudence si judicieuse de la cour de cassation, qui a dit que l'effet nécessaire et légal de la dévolution était *d'affranchir la personne du Roi de toutes les actions qu'on pouvait avoir contre lui avant son avènement au trône.* Le contraire arriverait nécessairement, si les titres ou les demandes, repoussés par les agens de l'État, étaient cependant tenus pour justes et légitimes par le Roi, dont, en ce cas, la reconnaissance donnerait certainement *action contre sa personne*, action dont néanmoins il doit être *affranchi.* Ce serait dénier au Roi le droit qu'il avait d'obliger la nation par le seul fait de sa volonté appliquée raisonnablement et loyalement dans les limites tracées par le droit des gens, et au-delà desquelles seulement, la nation pourrait refuser le paiement. Ce serait, en un mot, en accordant la fin, refuser les moyens.

Il nous semble donc que l'examen et l'appréciation des titres et des réclamations des créanciers appartiennent exclusivement au Roi, ou aux agens de son choix. Lui seul peut suppléer à l'insuffisance ou à l'irrégularité des titres, par les renseignemens que peuvent fournir ses registres et papiers domestiques, par les souvenirs de services importans, ou de prêts à lui faits sur parole, dans des circonstances extraordinaires. Il serait en effet absurde de supposer que la parole d'un roi de France fût un titre de nulle valeur, tandis que celle de ses sujets suffit pour donner action à un créancier.

Cependant, si nous sommes bien informés, la commission créée par l'ordonnance du 2 août 1828, serait tombée dans une grave erreur, en refusant d'admettre certaines créances dont les titres n'existaient plus, et malgré qu'une auguste autorité eût attesté la légitimité de ces réclamations. Cette erreur provient de ce que la commission s'est à tort imaginée que l'Etat pouvait opposer aux créanciers des exceptions dont le bénéfice appartiendra seulement au Roi, débiteur originaire; et que le gouvernement pouvait se refuser au paiement de toutes les dettes qui ne seraient pas régulièrement constatées. La commission se trompait, l'État doit, dans tous les cas, *affranchir la personne du Roi de toutes les actions qu'on pouvait avoir contre lui avant son avènement au trône.*

Une commission nommée par le Roi ou l'intendant-général de sa maison, ne tombera pas dans de telles erreurs, pouvant puiser à volonté dans ses rapports avec les anciens agens de Sa Majesté, et dans les papiers domestiques qui devraient lui être confiés, tous les documens nécessaires pour établir une liquidation basée sur la loyauté et la justice.

Un des points les plus délicats sur lesquels la commission sera appelée à prononcer, au moins en premier ressort, est la fixation des intérêts dus aux créanciers et la prescription qu'on pourrait se croire en droit d'opposer à quelques-uns sur la portion de ces intérêts. Il est essentiel de bien fixer les principes de la justice et du droit qui doivent baser les résolutions à prendre à cet égard.

En général, « la prescription ne pouvant être « fondée que sur une présomption absolue, ou « sur une présomption légitime, elle n'a point

« lieu si le propriétaire n'a pas véritablement « négligé son droit (1).

« Dans les cas de prescription ordinaire, on « ne peut opposer ce moyen à celui qui allè« gue de justes raisons de son silence, comme « l'impossibilité de parler, une plainte bien « fondée, etc., parce qu'il n'y a plus lieu de « présomption qu'il a abandonné son droit. Ce « n'est pas sa faute si on a cru pouvoir le pré« sumer, et il n'en doit pas souffrir. On ne peut « refuser de l'admettre à prouver clairement sa « propriété. Ce moyen de défense contre la « prescription a été souvent employé contre « des princes dont les forces redoutables avaient « long-temps réduit au silence les faibles vic« times de leur usurpation (2). »

A ces règles du droit des gens, il faut ajouter qu'en droit civil, la bonne foi n'est pas moins nécessaire à la prescription afin de libération qu'à la prescription pour acquérir, et que la première se trouve interrompue par la reconnaissance que fait le débiteur du droit de celui contre lequel il prescrivait (3).

La plupart des dettes contractées par les princes, l'ont été en pays étrangers où la loi a

(1) Vattel, liv. II, chap. XI, §. 142.

(2) *Ibid.*, *ibid.*, *ibid.* §. 143.

(3) Code Civil, art. 2243.

établi en principe que les intérêts d'un capital sont dus de droit, même sans stipulation spéciale, tandis que, d'après nos lois, ils ne sont exigibles que quand ils sont stipulés. Dans ces mêmes pays, la prescription particulière aux intérêts et arrérages n'existe pas. De sorte que, pour des dettes de même nature, il y aura lieu à l'application de lois différentes, puisque la loi des pays où le contrat s'est passé doit régir les contractans.

Il arrivera alors que les contrats passés en France sans stipulation d'intérêts, n'en produiront pas, tandis qu'ils seront dus, même sans stipulation, et sans qu'on pense opposer la prescription quinquennale aux créanciers en vertu de titres passés dans quelques pays au-delà du Rhin. Cela est de toute justice, chacun, en contractant, ayant été censé connaître la législation du pays où il contractait.

Quant à ceux dont la créance produisait des intérêts, quoique les circonstances aient été les mêmes pour tous, pourrait-on opposer aux uns la prescription dont l'application serait impossible aux autres?

Il faut remarquer d'abord que la prescription ne pourrait être opposée pour les arrérages ou intérêts courus depui 1814, car la demande faite aux Chambres au nom du Roi, par M. de

Blacas, et la loi du 21 décembre 1814 qui s'en est suivie, sont une reconnaissance positive et solennelle de la part des augustes débiteurs *du droit de ceux contre lesquels ils pouvaient prescrire.* Cette reconnaissance a même pour effet de conserver aux créanciers le droit imprescriptible pour cinq années d'intérêts antérieures. Depuis 1815, les demandes, les réclamations annuellement renouvelées par les créanciers, l'ordonnance du 22 août 1828, qui est une nouvelle reconnaissance, ont interompu la prescription et exclu jusqu'à la moindre idée de la présomption d'un paiement quelconque ou de la renonciation des créanciers à leurs droits.

Quant au temps antérieur à 1814 (moins les cinq années acquises par la reconnaissance de cette époque), il n'y a pas non plus la plus légère présomption de renonciation ou de paiement.

Il y a plus, les créanciers ont été, pendant tout cet espace de temps, dans l'impossibilité absolue de faire valoir leurs droits. La proscription dont était frappée la famille des Bourbons, et les peines sévères qui menaçaient leurs partisans, justifient suffisamment le silence des créanciers et la contrainte morale qui les a mis dans l'impossibilité de parler.

C'est bien là le cas prévu par l'auteur que nous venons de citer.

Enfin il est avoué, il est constant que jamais les Princes n'ont, avant la restauration, payé ces intérêts, et qu'ils n'étaient pas en position de le faire.

La question se réduit donc à ces termes simples : le débiteur qui reconnaît n'avoir pas, pendant vingt-cinqans, payé les intérêts par lui dus, et avoir été dans l'impossibilité de le faire, peut-il, néanmoins, opposer la prescription quinquennale au créancier qui, pendant ces vingt-cinq ans, s'est trouvé dans un état de contrainte qui l'a empêché de réclamer?

Cette question se trouve résolue par tout ce qui a déjà été dit, et surtout par la raison qu'il manquerait en ce cas au débiteur, la bonne foi nécessaire pour prescrire, et la présomption de paiement détruite par son aveu. Bornons ic ces observations ; elles nous ont été suggérées par une sorte de commisération pour des hommes dont le dévouement et la confiance n'ayant été payés que par un dédaigneux oubli, se croyaient en droit d'en accuser la nation française.

Nous avions cru d'abord pouvoir renvoyer la honte et le reproche à l'intendance générale de la maison du Roi, à la charge de laquelle ces dettes nous paraissaient être; un examen plus attentif nous a fait reconnaître qu'elles sont devenues véritablement dettes de l'Etat, et dès lors nous avons pensé que l'honneur national est intéressé à ce qu'elles soient enfin promptement acquittées.

On nous reprochera peut-être d'avoir pris peu de soin des intérêts de l'Etat, dont les charges, déjà si considérables, semblent s'accroître tous les jours, malgré la nécessité dès long-temps reconnue d'une sévère économie; et de vouloir, aux dépens des contribuables, faire une large part aux prétentions des créanciers du Roi. Nous ne nous défendrons pas de ce reproche, parce que nous croyons bien servir l'Etat, en réclamant hautement la fidélité aux engagemens qu'il a contractés, ou qui sont tombés à sa charge. Nous croirions trahir notre pays en conseillant ces mesures désastreuses et immorales, à l'aide desquelles, en se dispensant de payer quelques millions légitimement dus, on perd, en considération et en honneur, plus que les capitaux dont on dépouille ceux qui se sont confiés à la foi de la nation.

Nous sommes, autant que qui que ce soit, partisans d'une sage économie, et si nous avions l'honneur d'être chargés de stipuler les intérêts de nos concitoyens, en même temps que nous voterions consciencieusement l'allocation nécessaire au paiement indispensable des dettes du Roi, nous emploierions tous nos efforts, toutes nos facultés à porter la hache économique dans les abus et les prodigalités de tout genre qui, depuis long-temps, sont signalés. C'est ainsi que nous entendrions et que nous exécuterions l'honorable mandat de nos concitoyens, donnant un soin égal aux intérêts moraux et positifs de l'Etat; c'est ainsi que nous croirions bien servir le Roi et la Patrie.



FIN.

www.ingramcontent.com/pod-product-compliance
Lightning Source LLC
LaVergne TN
LVHW020247230826
846091LV00006B/2281

*9782011767301*